JN309774

小池緋扇作品集

人形と生きる江戸の粋

緋扇

緋扇

小池緋扇作品集

人形と生きる江戸の粋

撮影　秋元　茂

はじめに

時間や空間を越え、江戸の"粋"が人形の姿を借りて今ここに甦《よみがえ》ってきました。

言葉を持たない動くはずのない人形と、長い時代を生き抜き、歳月の重みに磨きあげられた宝物のような古布とが、いま一つになって新しい命に生まれ変わり、切ないまでに生き生きと輝いて、見る人の心を魅了します。

今まで人形《ひとがた》でしかなかった人形が、人間以上に感情を表し、不思議な生命力や息遣いまでが感じられ、与えられた役を精一杯演じ、見る人に語りかけます。

つかの間の江戸という輝かしい舞台を通り抜けていった人々。日々の暮らしから紡がれた人生模様。男と女の人情と恋物語。江戸に生きた儚《はかな》く悲しい粋物語などが、庶民の粋文化を甦らせ、時には華やかに舞い、時には静かにうたい、時には美しい旋律となって、江戸の世界へ誘《いざな》います。

江戸の"粋"と"古布"に魅せられた私は、これからもこの世界を探し求めていきたいと思っています。せめて浮き世を粋で埋め尽くしてみたいものです。それが私の長い間の、そしてこれから先もずっと見続ける夢なのですから。

財団法人　人形美術協会 本部主任教授　小池緋扇

目次

江戸の粋を感じる

演出家　浅利慶太

小池緋扇さんの人形が好きだ。

私の仕事部屋にも置かれているのだが、
一目、その姿を見れば、
想像でしかない江戸の人々の暮らしや佇まいが

はっきりと感じられるような気がする。

まさしくそれは、江戸の粋というものだろう。

緋扇さんは、現代日本において、その粋を表現できる

唯一の方なのかもしれない。

江戸の暮らし

江戸幕府が開かれて四百年余の今日、江戸時代は二世紀半にも及ぶ泰平な世が続き、武家階級主権のもとで多くの町人文化が開花しました。

江戸の人々の温かな人情や、心豊かな下町気質などが色濃く、職人や町人を中心とした暮らしは三百年の歳月をかけてつくられていったのです。江戸は自由奔放で他国にはない活気あふれた明るい町でした。粋がさんざめきしゃれ心がそこここに隠され、広く深い独自の町人文化を築いていったのです。

多くの知恵や生活習慣などは江戸を代表する”錦絵“”浮世絵“”歌舞伎“”絵草紙“といった伝統文化を通して得られ活気にあふれた時代でした。当時の江戸の町は凶悪な犯罪も少なく世界に類をみないまれな平和の町だったのです。江戸の土地は武家屋敷が大半を所有したため、商人や職人、町人たちは、狭い土地で暮らし、いわゆる集合住宅の「長屋」で一棟の建物に管理人（大家）のもと複数の世帯で暮らしていました。

長屋の裏には共同で使う”井戸“”雪隠“”芥溜め場“があり女房たちが井戸の周りに集まっては洗濯や炊事をしながら世間話から話題を提供し合い、情報交流をしていました。井戸端は女性たちの仕事の場であり憩いの場でもあったのです。

見栄っ張りの亭主たちは人情とユーモアにあふれ、気ままなその日暮らしは自由でぜいたくをいわなければ稼ぎ口はいくらでもあり、働きさえすれば日銭を稼ぐことができたので、無理に貯める必要もなく「宵越しの銭は持たぬ」とその日の稼ぎはその日に使うのが格好よしとされ、「明日は明日の風が吹く」などと気楽に過ごしていたので、いざ暮らしに事欠くと、米、味噌、醤油に至るまで隣近所に借り歩いては一つの家族のように肩を寄せ合いながら、日々を楽しく精一杯生き生きと気ままに暮らしては長屋の基本スタイルを築いていきました。

路地の裏には〝大工〟〝左官〟〝日用品の行商人〟〝三味線の師匠〟〝髪結い〟など雑多の職業の人々であふれ、狭い長屋界隈は人口過密都市でした。

火事も多く、火元になるのを避けるため大店《おおだな》でさえ内湯を持たず、市中至る所に銭湯がありました。裏長屋は住人たちの憩いの場として、湯屋や髪結い床などで順番を待つ間の将棋や世間話を楽しむ社交の場となったのです。

こうして喜怒哀楽の激しい気質が町人文化の主流となり物見遊山も盛んに行われ、折々の季節には、〝花見〟〝潮干狩り〟〝祭り〟〝花火〟と長屋総出で繰り出し泰平の世を謳歌していました。両国、浅草あたりには〝見世物小屋〟〝大道芸人〟〝食事処〟があり多くの行事を楽しみながら現代に劣らぬ優雅な暮らしぶりが見られました。

町中も活気にあふれ忙し気に飛脚が飛び、酒屋の小僧が走り、物売りの掛け声が行き交い、夜ともなれば火の用心の拍子木の音、三味線を抱えた仲居さんの下駄の音、川向こうからは粋な新内を語る声が響き、人々は江戸の町に吸い込まれるように暮らしていました。

三百年の歴史を重ね色と粋と悲哀が集まった街、不夜城と呼ばれる吉原はじめ遊里には、多くの若い衆が繰り出し粋や人情の華が咲き、野暮の通らぬ非日常の世界でした。

こうしてつくりあげられた町人魂。世界に誇れる粋美学の意地を貫いた町人文化を後世に残していきたい、いや、残さなくてはと心に誓っているのです。江戸の人々の暮らしに乾杯です。

生業《なりわい》は江戸の暮らしの入口

華のお江戸の一日は、夜明けと同時に聞こえる物売りの声から始まります。町内には一年を通し、魅力的な売り声が絶えることなく響いていました。江戸庶民の生活を支えた、さまざまな物売りたちのユニークな掛け声や、心地よいセールストークが辻々から聞こえ、江戸ならではの独特の音色には、何ともいえないのどかな味わいと、江戸の暮らしの風流が感じられます。

物売りの声は一日の"朝"、"昼"、"夕"、"夜"と時を伝えたり、季節の移り変わりなどを知らせる大切な役割も担っていて、町の風物詩でもありました。一目で身分職業が分かり、思い思いの奇抜な服装や小道具を使い、情緒ある生き生きとした心地よい売り声や節回し、独特のおかしな身振りでお客を笑わせ、客寄せなどして商品を売り歩いていました。もろもろの日用品も扱っており、物売りの数は二百万都市の中、三万人を超えたともいわれ大変多かったようです。

また、平和が続いたにもかかわらず、町人の暮らしは無駄を省きものを大切に使うことが当たり前の時代でした。普段着などは古着を買い、肩や裾などが破れると別布をあしらい、着古してくると子どもの着物に縫い直し、浴衣は赤ん坊のおしめに、いよいよ使えなくなると雑巾にと、布端になるまで使い切りました。下駄などは歯を入れ替え鍋釜も修理しながら、ひとつのものを最後まで使い、かまどの灰までも染料や肥料として大切に使っていたのです。

三百年後の今日振り返ってみても、江戸の住民たちは奇抜な着想で現代に通じる生活の知恵を余すところなく発揮し、その斬新さには、唯々脱帽です。例えば無駄をなくし何度でも修理して徹底的に再利用しながら、大切に使い回すリサイクルの知恵。身の回りでは使う品物は何でもそろう小間物店はコンビニエンスストア。伝統を誇りしゃれ感覚で身を飾って楽しんでいた根付は携帯電話や小物に使うストラップ。長屋には子どもを預かる託児所があり、家々をまわって家事の手伝いをするヘルパーのような女性もいたといいます。

江戸時代にはすでに現代に通じるルーツが完成されていたのです。

ここに改めて江戸を見直し江戸に生きた人々の優れた面を再認識することも江戸を知る最も大切な要素です。江戸こそ日本のふるさとかも知れません。

江戸の子どもの暮らし

医学の普及が遅れていた江戸時代は、多くの子どもたちが病気《やまい》や事故に倒れたので、大変大事に育てられました。子どもの腰には魔除けのお守りをつけさせたり、夏季にはお腹《なか》を冷やさないため、裏に赤布（赤布は魔を除けるといわれていました）をつけた腹掛をしていました。背中からは病魔が入り込むと伝えられていたため、魔除けの背守りをつけ子どもの健やかな成長を願っていました。しかし、子どもの時代は短く、八〜九歳になると過保護の幼児期から躾《しつけ》と称し〝家事手伝い〟〝職業見習い〟〝丁稚《でっち》〟など住込奉公《すみこみぼうこう》で働く子や寺子屋に通い、〝読み書き〟〝そろばん〟を身につけたり〝踊り〟〝三味線〟の稽古も盛んになり、十五歳くらいまでにはすべてのことが理解できるよう目標を立て躾を身につけさせました。

遊びも生活の一部で、長屋のそこここの路地裏からは、生き生きとした笑い声や泣き声、喧嘩の声、賑やかな叫び声など、辻ごとの子どもたちの様子が聞こえてきて、たわいのない遊びの一つひとつが、江戸の日常の風景となり子どもの世界をつくっていきました。のびのびと遊び、屈託なく戯れる日々の暮らしの中からいろいろな文化が生まれたのです。子どもは遊びの天才でさまざまな特技を生み出していきました。

年上も年下も皆一緒で、年中行事や信仰に結びつけた季節ごとの豊かな行事も、子どもたちにとっては大きな楽しみの行事であったのです。

正月には〝羽根つき〟〝凧揚げ〟

二月は”初午“
三月は”雛遊び“
五月は”端午の節句“”菖蒲うち“
春は”花見“
夏は”七夕“
秋は”月見“
冬は”雪遊び“

四季折々の自然を取り入れ、”お手玉“”螢狩り“”かごめかごめ“”芋虫ごろごろ“と独自の世界が生まれ、玩具も数多く伝わり”独楽“”竹馬“”双六“”かるた“”水鉄砲“などが広がり、玩具を売り歩く行商人も人気の的でした。

こうした行事から多くの文化も輪を広げ子どもの世界をつくり、遊びを通して子どもたちは成長していったのです。

江戸の粋文化

平和な時代が長く続いた江戸時代には、多くの文化が開花しました。中でも「粋文化」は、庶民の生活の中から生まれた「江戸の美意識文化」だと思うのです。それまでは貴族や武家階級の”わび“”さび“が主流の生活でしたが、庶民文化が一気に花開き町人の世界へと変わっていくと、西欧には類を見ない日本の江戸独自の世界が生み出されていったのです。

つかの間の江戸という輝かしい舞台を通り抜けていった江戸っ子気質は、新しい物好きで遊び好き、身なり振る舞いがさっぱりと洗練され、過去はあまり振り返らない生命力あふれる威勢のよさ、腹に一物もないさっぱりとした気性が主流となって次第に生活感覚に根ざした美的感覚の「意気」をつくりあげていったのです。

またその中から独特の、男の粋・女の粋が生まれました。男の粋さは意地と義理と見栄っ張り、きっぷのよさ、いなせでしゃれ心があり、宵越しの金は持たぬ、火事と喧嘩は江戸の華、町奴の男伊達などなど、身なり振る舞いがさっぱりと洗練されているさまを粋と称し、美徳とされ独自の世界をつくっていったのです。

吉原通いのしゃれ者は着物の柄は目立たず、縞や小紋と地味な着物に裾や袖口から赤襦袢《じゅばん》をちらつかせ、裏勝《うらまさ》りなどと称して見えない所にしゃれを利かし、羽織の裏などにお金をかけ凝るのを粋としてもてはやされました。

江戸言葉もしゃれに磨かれ、独特の歯切れのよい啖呵《たんか》となって粋がっていました。暮らしの中で互いに思いやり助け合い、心遣い気配りから生まれた粋な振る舞いを、しゃれ心と称し色気も目立てば野暮になるなど、さげすまれ野暮の通らぬ粋の世界でした。

女の粋さもまた男性とはちがって、おしゃれであだっぽく垢抜けた色香をまとい、好奇心旺盛な遊び心など、男に負けず次々と独自の粋をつくりだしていきました。

京美人のはんなりとした粋とはまったくちがい、浮世絵の中に見る女性の粋さは〝小股の切れ上がった女〟などと表現されているように、すらりとした姿のよいあだっぽい女性が美人の代表とされていました。渋めの着物をしゃきっと着て帯をきりりと結び、冬でも素足に日和下駄、髪は少々崩し、うなじの乱れ髪も実は意識的です。特に眉をおとした青まゆ（目を美しく見せるため）、歯を黒く染めたお歯黒（口元を小さく見せるため）などドキッとするほどの人妻の計算された美意識には、粋の極限さえ感じられます。これらはすべて江戸庶民がつくりあげた粋文化といっても過言ではないでしょう。

浮世絵に描かれている美人画は顔が小さく八等身九等身で、現代のファッションモデルとなんら変わらず、江戸の人々の美に対するセンスは今に通じるものがあり、等身指数は現在の物指しで計算されているかのように洗練され、美を先取りしたその感性、センスには不思議なパワーがあったのです。現代の人々でさえ立ち入ることのできない粋世界、長い歳月の間に磨かれ生まれた町人気質が、江戸独自の町人文化を築いていったのです。生命力あふれる江戸っ子の生活スタイルの中から生まれた心意気は日本の美を代表する底力さえ感じられます。

しかし、粋美学の意地を貫いた町人魂も時代とともに影をひそめ、今では歌舞伎の「世話物（江戸時代の町人の生活を扱った演じ物）」や「舞踊」「映画、テレビの時代物」で見られるだけで、すっかり幻になってしまいました。

私たちの前から消え去ってしまった江戸の男たち女たちの粋パワーをせめて人形に託すことで、失われていく「粋文化」を継承し後世に残していかなくてはと心に誓っているのです。

暮らしに見る〝江戸の粋〟

四季の暮らしに寄り添う町人文化。
庶民の暮らしに息づくさまざまな人間模様。
そこから生まれる
〝江戸の粋〟
意地と義理との 男の粋
垢抜けた色香をまとった 女の粋
喜怒哀楽に翻弄される男と女の物語

不思議な生命力と息遣いで
人形たちが演じます。
江戸の町は粋と恋とが咲き競う
花盛りの舞台です。

虫の音

静かな夜は虫の音が 恋の便りを届けます

雨あがり

いき・の二文字が二つにわれて 恋のハートになりました

秋うちわ

叶わぬ恋の行く末は 流れ流れてはぐれ花 届かぬ恋路は遠すぎて 海老様似顔の秋うちわ

十四番目の月

時は止まってはや三月 心乱れて見る月は 届かぬ想いの遠い月 今宵はくらい闇の中 明晩《あした》待たるる十四番目の月

夕顔化粧

ぽっかり白い花が咲き 女の肌になりました

女髪結い
十人十色の恋化粧
うなじの白さが目にしみて

待ちぼうけ
きのうも今日もまたあすも
いつまでも待てばよいのです

梅雨かみなり

春雷は　裾までぬらすわかれ雨

女「五題」〝嫉妬〟〝怒る〟〝未練〟〝喜び〟〝焦がれる〟

嫉妬　恋する女は嫉妬の女に変わるのです。

怒る　メラメラ燃える恋の炎は夜叉となって、男の胸を焦がします。

未練　去っていった憎い男に愛想尽かしをしても、積もる女心は揺れているのでしょうか。

喜び　春色のピンクは頬の色です。一ひら二ひら花びらが、
かわゆい蕾にそっとご挨拶して通り過ぎていきます。

焦がれる　涙水、流した涙の量で女の魅力は決まるといわれています。

女「五題」それぞれのテーマで女の情念や心の叫びを表現してみました。

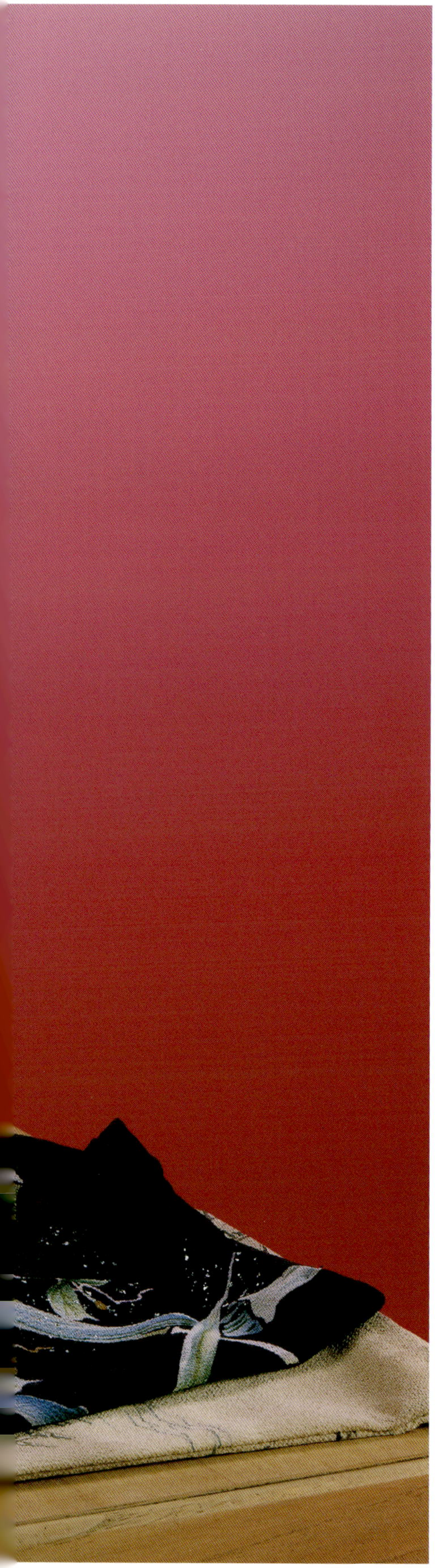

嫉妬

男と女の行く末は　運命《さだめ》せつない唄模様
迷い蛍がどこからか　部屋に忍んで漣漣《れんれん》と
恋唄響かせもつれあい　嫉妬の炎を掻き立てる

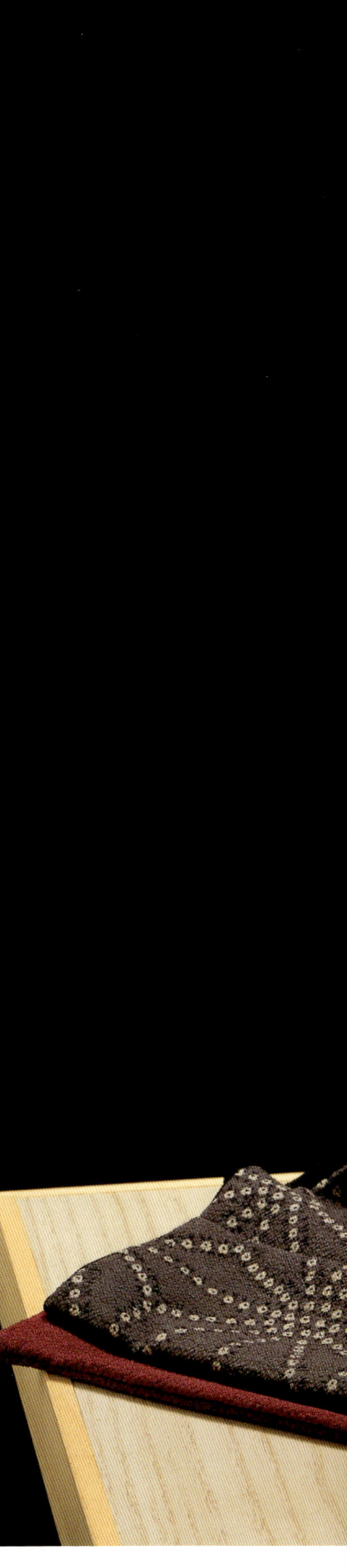

夜叉の面

雪の花が消えた夜は
結んだ〝命〟の刺青が
怒りの炎と燃えさかり
ほれた女のするどい刺《とげ》が
こわれた男に突き刺さる
鬼火となって突き刺さる

置き手紙

あの世までもと誓った男《ひと》を
憎む心の裏表
にじんだ手紙の別れ文字
腕の刺青うずきます

蕾

のぞかないでね私のハート うす紅色のかわゆい蕾 春風吹いたらユラユラゆれて はじけて飛んで咲かせます からげた小指の約束も ケセラセラ恋あそび

焦がれ酒

ジンジンジンと人恋し
いつか根雪もとけたのに
春告鳥はほど遠い
今宵は一人うらみ酒
悲しい心の焦がれ酒

居酒屋

男と女 酒と恋 恋愛ゲームは続きます

手踊り

衿に素足に指先に 粋を着こんで踊り出る

宴のあと

宴のあとのかくれ宿 一夜限りの夢綴り 残り香うつす梅一輪 積もる想いのゆき止まり

うたたね

素肌ふんわり花の色
夢の架け橋渡ります

恋みれん

絆を結ぶ紅い糸
とけて流れて消えました
ひと月 ふた月 迷い月
しょせん恋路は夢芝居

浮名草

根なし浮草通せんぼう 運命《さだめ》もつれる恋遊び 春まだ遠い浮草稼業

初雪

雪ふる夜は人恋し　しんしんしんとひえまする

傘の女

二人雨ならぬれてもいくが 一人雨の悲しさは 無情な運命《さだめ》の恋みれん 肌に小雨がしみる夜は 一途な恋が燃えあがる

恋路

恋しいこころが飛び散って
ふたりの胸にささります
先の見えない迷い川
渡れぬ想いが燃えまする

たずね人

うわさ追いかけいく坂越えて
尋ね尋ねたこの街は
届かぬ恋路の迷い道
誰かあの裏切男《ひと》知りませんか

ひとり酒

迷い蛍は雪の中
夏を夢見て乱れます
灯す光も涙に消えて
いつか夢見る ふたり酒

旅役者

旅で拾った恋だから
旅の終わりで捨てました
いくら艶よく演じても
しょせん浮世は恋芝居

桜吹雪

うす紅色の花びら散って 髪に小袖にふりかかる
いとし恋しの花吹雪 しあわせいっぱいおいていく

おきゃん娘

桜ふわふわ春の色 娘の胸もときめいて 恋のつぼみのはなひらく

いたずら風

いたずら風がささやいた 赤い花緒がかわいいと

のめば天国

お酒かかえてフウラフラ　うかれ足元フウラフラ　一升びんもフウラフラ　あの人この人踊りだす

ちどり足

花に浮かれて飲む酒は　ふわりふわふわ夢心地　ままよこの世は風まかせ　おっとあぶない足もとが

手酌酒

おぼろ月夜に桜が咲いて
ぱっと陽気に手酌酒
花にうかれてひと踊り

男伊達

甘口 辛口 男意気 粋のいろはの架け橋を 渡れば恋の傘が舞う

女伊達

人生双六《すごろく》いろは唄 粋を背負った女道 見栄と意地のしゃれ姿 きどってみたいね女伊達

夜桜

桜の夜道は迷い道　いとしい男《ひと》を追いかけて　いつしか惑う恋の道　悲しいこころがうずきます

夢太郎

姉御の凄腕見習い中さ 夢がゆれてる夢太郎 きざで調子者の風来坊は ちょっと可愛い小悪党

女すり

ずっしり重い縞の財布　こいつは春から縁起がいいねえ　とび切り美人の指さばき　狙った獲物は逃がさない　ざわめく街へと急ぎ足

刺客

ままよこの世は風まかせ 西に東に南に北に 腰の大小道連れに 見栄も誇りもかなぐりすてて 風の吹くまま きまま旅 剣の叫びが風を切る

町奴

任侠気質の伊達《だて》奴《やっこ》 意地を通した男道 肩で風切る心意気 男度胸は江戸の華

町火消

火事と喧嘩は江戸の華　粋でいなせな勇み肌　見栄と意地は半端じゃないが　町娘《むすめ》もしびれる町火消

三浦屋

それぞれに 演じて廻る晴れ舞台

江戸の華

いなせで粋で男気で　女心がさわぎます

生業《なりわい》は江戸の暮らしの入口

華のお江戸の一日は
朝の物売りの声から始まります。
江戸庶民の生活を支えるさまざまな物売りたち。
そのユニークな掛け声が
辻々から聞こえ
江戸ならではの独特な音色には
何ともいえないのどかな味わいと
江戸の暮らしの風流が感じられます。
物売りの声は一日のうちの時を伝えたり
季節の移り変わりなどを知らせる
大切な役割も担っていました。

髪結い

粋でいなせな髪結いは 引く手数多《あまた》に客がいる めっぽう鉄火の姐さんや つぼみのあの娘と果報者

凧売り

サァサァ買ってあげてみな 高くあげなきゃ凧じゃない なんでも評判買いなされ

ういろう売り

伊勢参宮の折からは 必ず寄ってもとめなされ 系図正しき薬でござる

面売り

天狗 赤鬼 猿 狐 おかめ ひょっとこ 買いなされ 面をつければ悲しみも 飛んで笑顔が踊りだす

花売り

サァサァ恋の花はいかがですか　春色　赤色　白い花　あの娘の蕾もほころんで　花のお江戸は花ざかり　届かぬ想いの男と女《ふたり》には　恋の花束届けます

水売り

ちょっとそこゆくお姐さん　つめてぇ水はいらねぇかい　やぶれた恋を流して捨てりゃ　枯れた涙も忘れるさ

独楽売り

独楽といってもいろいろあるよ
江戸一番の独楽売りさ
立独楽 紐独楽 剣《つるぎ》の刃《やいば》
サァサァみんな寄っといで

かんざし売り

アタチににあう　かわゆいかんざしありますか　ちょっぴりおませな女の子　そよ風しあわせ運びます　春のうららの日和です

魚売り

江戸は長屋の露地裏に　威勢の良さが聞こえます　町一番の色男《よいおとこ》　高嶺の花へ片思い　ゆれるみれんはすてちゃいな

初鰹

はしりがつおを一番乗りで 江戸っ子気質の粋姿 肩で風切る女意地

扇地紙売り

巷《ちまた》で人気の扇売り　あの娘《こ》もこの娘《こ》もソウワソワ　あの街この辻溜め息吐息　結んでみたいね赤い糸

呉服屋店先

あれ　これ　どれもお似合いと　手代の心もときめいて　春はそこまできています　母娘《ははこ》の楽しい根くらべ

飴売り

のどかな長屋の昼さがり
鉦《かね》の音色が響きます
あの子もこの子も飴ほしい
ひとつぶ買って食べたいなぁ

しじみ売り

おいしいしじみ買っとくれ
ちゃんの代わりの可愛い声が
露地の細道響きます

江戸の子どもの暮らし

そこここの路地裏からは
生き生きとした笑い声
泣き声
喧嘩の声
賑やかな叫び声など
辻ごとの子どもたちの様子が聞こえてきて
たわいのない遊びの一つひとつが
江戸の日常の風景となり
子どもの世界をつくっていきました。
のびのびと遊び、
屈託なく戯れる日々の暮らしの中から
いろいろな遊びの文化が生まれたのです。

桜の花道通りゃんせ
春が似合いの女の子
桜吹雪の花の下
あの子とこの子とそよ風と
花に浮かれて踊りだす

花火「三題」娘

恋の華

夜空に咲いた恋の華 私の心に火をつけて 燃える思いを咲かせておいて 闇の中へと迷い込む

花火「三題」姉弟

仕掛け花火

仕掛け花火がドンドン鳴ると 姉の後ろで弟が 音がこわいと不安顔 可愛いほっぺがまっかっか

花火「三題」母子

花火見物

空いっぱいに咲き競う 夏の夜空の花園に 玉屋 鍵屋の掛け声響き 両国橋は花火の宴 パッと散らせて消えてゆく

ここまでおいで

ここまでおいで手の鳴る方へ
母と坊やの昼さがり
そよ風しあわせ運びます

あばれちゃダメダメ

祭りばやしの笛太鼓 ピーヒョロピーヒョロピーヒョロロ うかれ坊やもピーヒョロロ 背中でピーヒョロ踊ってる

日和

うららうららの春日和
ねんねのお顔に春がすみ

小ちゃな小ちゃな恋の花

ねぇこっちを向いて
これあげるから
思わせぶりな泣きまねは
すねてあの子を困らせる
あのねあのねのお噺ね

花よりだんご

あの姉《こ》もこの弟《こ》も花の下
風に吹かれて鬼ごっこ
お団子とられたお姉ちゃん
私のおだんご返してよ

仲好し三人組

一人が笑えば三人笑い
一人がこければ三人こけて
雨が降ったら傘の中
三人一緒でウフフのフ
まねてみたいね旅がらす

兇刃

よわ虫 泣き虫 奴虫《やっこ》
芝居をまねての立ち回り
殺陣《たて》の迫力参ったか

かえり道

あかねに染まる帰り道　ぐっすりねんねの元気な弟《こ》　見守る兄のやさしさが　おんぶする手にこもります

お使い

酒屋の小僧のお使いは 寄り道 道草 内緒道 可愛いあの子を横目で追って ひみつの近道とおりゃんせ

にわか雨

ごろごろ雷 稲光り どしゃぶり雨が追いかけて にげてもかっこをぬらしてく あたちの花緒がぬれちゃうよぅ

「髪飾り」について

人はいつの時代も誰もが美しいものに憧れ、惹かれるものです。古代の女性も葛《かずら》を頭に巻き、身を飾っていました。奈良時代、大宮人が野山に咲く草花や枝を手折っては冠や髪に挿した〝挿頭花《かざし》〟が後の髪飾りの初めだといわれています。

髪型も時代とともに変化して、垂髪からさまざまな型が考案され、江戸時代に入ると、髪型の黄金時代ともいわれるほど多くの複雑な髪型が生まれ、髪飾りも次々に考案されました。実用的なものから、大変高価なものまでつくられるようになり、木製や象牙、べっ甲、金属、ガラス、漆、蒔絵《まき》など豊富な材質を使い、小さな空間を利用していろいろと彩色し、観賞用へと変わっていきました。

江戸の女性にとって髪飾りは、美しく結い上げた黒髪を引き立たせるための大切な装飾品だったのです。また、身分、職業、年齢によっても髪の形が使い分けられ、髪飾りも個性的なものが好まれるようになりました。美しく結い上げられた黒髪に似合う髪飾りがなかったら、華やかさも粋な美しさも、それほどまでに引き立てることはできなかったにちがいありません。

●人形に使われる主な髪飾り

櫛——べっ甲櫛　横櫛　彫り櫛　塗り櫛　花櫛

簪《かんざし》——ことじ 花ことじ 塗りことじ 松葉かん びらかん 平打ち 玉かん くす玉 花かん（前ざし）横かん

笄《こうがい》——両笄 片笄 中ざし

古代裂《ぎれ》との出会い
「ちりめん友禅」に魅せられて

古代裂の語源は歴史上使われている古代ではなく明治以降、古い布を扱った商人たちの間での、古代紫とか古代調という言葉の持つ意味と同じで、古い時代の織物の切れ端に便宜上使われた用語で「時代裂」ともいいます。

私の家の納戸の古い箪笥《たんす》の中にも、明治初期のものかと思われる古いものから大正初期のものまで、百年を過ぎている布たちが、静かに出番を待つようにして眠っています。その味わいは、いずれも「古代裂」という言葉にふさわしい、誇りと気品すら感じられ、重圧感あふれる布ばかりです。

京都は東寺の市で朝早くに見つけより抜いた品、友人たちから譲り受けた布などいろいろな出会いから集めた古代裂の中でも、私の心を虜《とりこ》にしたのが「ちりめん友禅」です。雪深い寒い地方の人たちが苦しい作業の中でつくられた、その神秘なまでに華やいだ色彩、手のひらにのせた感触の優しさは独特な趣を持ち、まさに古代裂の王者といっても過言ではありません。「布」「色」「柄」のバランスは百年後の今日ですら、決して見劣りすることはなくむしろ新鮮に見え、いまさらのように不思議でなりません。長い歴史を経て生き残ってきた布たちだけが持つまろやかな風合い、ちりめん特有のしぼの光沢の魅力にふれ眺めるたび生命《いのち》あるかのように映り、まとっていた女性の姿さえ見えてくるようです。

突然ひときわ華やかな布が話しかけてきました。「私の生まれは丹後。京友禅に染め上げられ、大きなお店《たな》でたくさんの友禅の中から美しい女性《ひと》に見初められとても幸福でした。主人が私をまとうと、まるで天女のように一段と輝き、芝居見物でも周囲の人目を引き、随分得意でした。主人は私をこのうえなく愛し、大切にしてくれました。別れて後、長い長い旅をして、やっとたどりついた安住の地がこの暗い箪笥の中。あなたさまは長いこと私を見つめては、いつか必ず、もう一度明るい世界に出してあげたいと張り切っていますけれど、私をもう少し箪笥の中で休ませてください。お仲間も大勢いることだし、決して寂しくはありません」と、静かに歌うような口調は、昔の華やかな頃を思い出し、やがてかわいいため息に変わります。

するると、能面を染め出した渋いグレー地のちりめんが叫びました。「あなたは美しく主人を引き立てるために着飾ったかも知れない。でも私の主人は男性だから表を飾れないぶん、人に見えない羽裏とか下着に凝ったものですよ」と、誇らしげに吹聴します。そんな襦袢《じゅばん》を身につけた男性はさぞ粋だったであろうと想像されます。時たま、一幅の絵を見ているような素晴らしい襦袢と羽織裏を見たことがあります。見えないところにお金をかけて、おしゃれを楽しんだ昔の旦那衆の〝わび〟〝さび〟の慎みの心、奥ゆかしさが偲《しの》ばれてうれしい思いでした。

今度は紫地の桔梗柄《ききようがら》が、箪笥の隅から小さな声で皮肉を言います。「昔の女性はそれは着物を大切にしましたね。季節の変化を敏感に感じながら四季折々の興趣をとり入れ、精いっぱいこだわり優雅におしゃれを楽しんだものです」

私の手の中の布たちは遠い記憶をたどり、脚光を浴びた昔を思い出しているのでしょう。心地よい安らぎを楽しんでいる布、色あせ擦り切れたわが身を嘆き悲しんでいる布、恥じらいながら息をひそめている布たちにふれると、儚く消えていった過去が華やかだっただけに、哀れに思えて悲しいのです。

一つひとつのドラマは、この世から布端がなくなるまで続いていくかのようです。せめて最後なりと、人形の着物として生き返らせたら、人形も布もお互いに調和し合って、格調高く色香を増すことでしょう。どんな小布でもいま一度ライトをあてて、甦った命の喜びに心ゆくまで酔わせてあげたい。

「ちりめん友禅」は日本だけの素晴らしい遺産なのです。日本を彩る証《あかし》として残しておきたいものです。そして、素晴らしい布たちと洗練された江戸の粋文化の心意気を人形を通して、多くの人々に世界中の方たちに伝えていきたいと願っているのです。

夕顔化粧

私はたくさんの人形をつくっておりますがその中で忘れられない「夕顔化粧」という人形があります。この人形の誕生にまつわるお話です。

文化の宝庫といわれる富山は〝立山連峰〟〝黒部渓谷〟蜃気楼の見える〝富山湾〟など豊かな自然に恵まれ、万葉の地としても優れた歌が残されています。全国に誇る民謡も多い富山で行われた「越中おわら風の盆」を見に出かけた折の事です。二百十日の秋風にのって〝胡弓〟〝三味線〟〝太鼓〟〝尺八〟の音に合わせ哀調の中に、男も女も老いも若きも、編笠で顔を隠し、三日三晩、夜の白むまで踊りに酔いしれて流して歩く風の盆。町中には数千の〝ぼんぼり〟〝まん灯〟〝まん幕〟が飾られ坂の町のせせらぎからは、もの悲しげな胡弓の音が響き、踊る人も観る人も狂わせる風の盆。胡弓の音の中に溶け込むように踊る幻影は、二百年前の精霊たちの宴か幻か、この世でない世界を彷徨っているのではと、不思議な幻覚を見る思いでした。

夜半を過ぎ、だんだんと遠ざかってゆく胡弓の音に心惹かれる思いで帰路についたとき、ふと町外れの農家の軒先で、ぽっかりと闇の中に咲いていた白い大きな夕顔の花を見つけたのです。妖しい香りが私を手招きし庭へ誘い込みました。花が悲しげなまなざしでじっと見つめているのです。花の強い香りと風の盆の宴に酔った私は、すっかりその白い花に魅せられつい手折ってしまうと、手のひらのその白い花から、ひと夜限りの儚い命を嘆く声が確かに聞こえたのです。花の哀れを感じ、それはまるで泉鏡花の世界へと入り込んだような、夢かうつつか分からない衝撃でした。幾百年も生き続けた花の精がこの庭へ私を引き寄せ、人形に想いを託したかったのかと今はあの夜の事が走馬灯のように甦ってくるのです。

その後「夕顔化粧」が生まれました。闇の中で咲いていた妖しい白い花の面影を映すかのように優雅に楚々として、白いうなじは花の精が乗り移ったかと思われるほどに美しいのです。風の盆の幻影と夕顔の花がひとつとなり、完成した人形にひとしおいとしさが増し、私の「夕顔化粧」がいつの世にまでも美しく夢の中で生き続けてほしいと願っています。

白い花に魅せられ手折ってしまった夕顔の花（平成七年九月越中おわら風の盆）

私と人形との出会い

人形との出会い

私は小さい時から人形が大好きでした。随分ぜいたくに人形を与えてもらっていたのでよくお人形遊びをしたものです。小学校に入ってからは、洋裁や和裁の上手だった母に手伝ってもらいぬいぐるみのような人形をつくっては、妹と遊んでいました。

小学校に入る前、妹と人形遊びをしていた頃

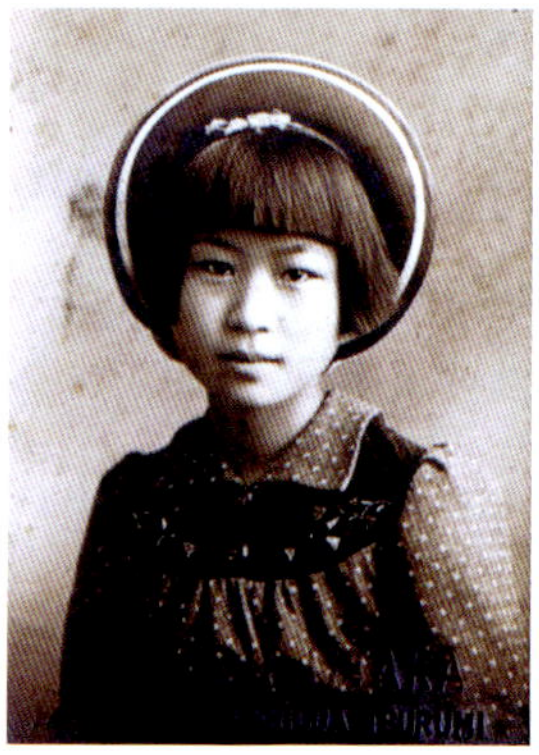

小学校五年生の頃

小学校三年生の頃の一家の写真

日本人形との出会い

私が本格的な日本人形をつくったのは七十年前の小学校五年生の時。教員室で数人の先生が趣味でつくられた日本人形を見て、その美しさに魅了されてしまったのです。好奇心旺盛な私はどうしても挑戦してみたくなり、担任の先生に夏休みの間教えていただくことになりました。そして、八月の終わる頃、世界にひとつしかない私の”藤娘“がとうとう誕生したのです。私はもちろん、父母、兄妹の喜びはまるでお祭り騒ぎのようでした。ほほ笑みかけているような藤娘は、くる日もくる日も父の晩酌につきあい、一家に素晴らしい安らぎを与えてくれました。娘のつくった人形に満足しきった父の顔は、生涯忘れることはできません。

父は大変リッチで、母は美しくおしゃれな女性でしたので、当時としては私たち姉妹を随分とモダンに育ててくれた気がします。そして、そんな両親から受け継いだ感性も私の人形づくりに大きな影響を与えたことに今は感謝しているのです。

日本人形のマスク描き

戦後、幼稚園に初めて勤めた時のことです。先輩先生の中に、人形のマスクを描くベテランの人形作家がいらっしゃいました。今までいくつかつくっていた人形のマスクは既製のもので、自分で描くなどとは思いもよらないことでしたから、早速手ほどきを受けることにしたのです。小高い丘の小さな教会の中にある幼稚園が、私とマスク描きとの出会いの場所となったのです。今これらのことを思い返してみると、因縁めいた出来事ばかりで、私は人形のために生きる人生だったのかと感無量になるのです。半年後、身体を悪くして幼稚園を去ることになるのですが、あの時の基礎が私のマスク描きの原点だったと思っています。

財団法人　人形美術協会 本部主任教授に

子供の頃、病気がちだった私は家の中で小物をつくったり、いろいろとお稽古ごとをしていたのですが、これらが後に人形づくりに役立つことになったのですからとてもラッキーでした。昭和三十二年に東京人形学院の講師になり、五十数年を学院とともに歩んできました。

作品に投じた私の中の眠っている心を表現してくれた人形。多くの生徒との出会いの中で心と心を通わせてくれた人形。夢と希望と喜びを与えてくれた人形。半世紀の間、数百数千のヒロインを演じ続けた、演じさせられた人形たちに今、感謝の讃歌を贈りたい気持ちでいっぱいです。

「無理な冒険にもかかわらず、ついてきてくれてありがとう。私の大好きな人形たち」

幼稚園の先生をしていた頃

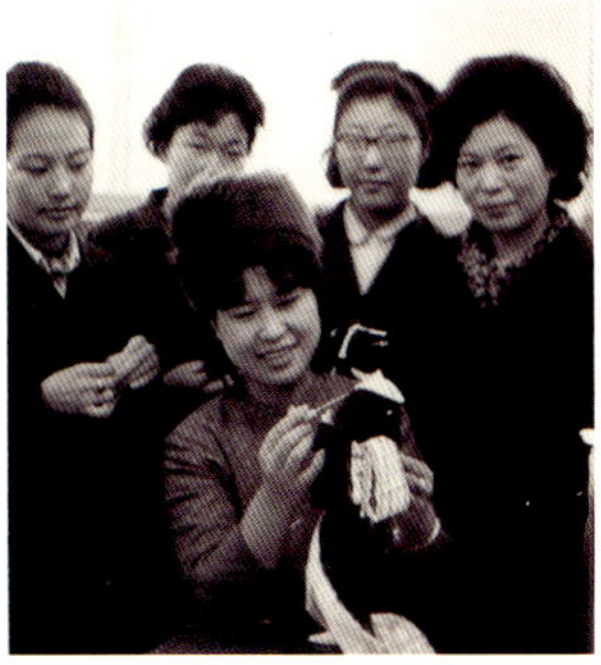

東京人形学院の頃

財団法人 人形美術協会にて（昭和四十四年十一月文化事業団体として文部省より認定され、東京人形学院より改称）

私が人形に命を与えるとき

人形は"人形《ひとがた》"といいますがその人形に命を与えてみたい、人間以上に感情が現れたら——そんな思いから、私の人形づくりが始まりました。人形は与えられた役のためだけにひたすら生き続けていかなくてはならないのですが、彼らなりの一生懸命さが何としても哀れで人形よりも私自身が悲しいのです。

命のない人形に命を与えるために人形と真剣に向かい合い、二つの呼吸がひとつになった時、私の想いが伝わり、私の情念が人形の心を動かし先ほどまで人形でしかなかった物体から不思議な生命力や息遣い、胸の鼓動までが伝わるのです。眉の一本一本から、指先の一つ一つから、目の輝きから表情を表し、見る人に語りかけてくれるのです。静から動に移ると、人形でしかなかった表情が生き生きと不思議な力がいっぱいに動きだします。妖しい粋の世界の始まりです。華やかに、また、しっとりと、美しいリズムとなって人間以上に人の心を演じ、喜びいっぱいに動きだします。人形が笑い、歌い、踊り始めると、それまでの制作の苦しみや迷い、悩みなどがすべてうそのように消えていくのを感じます。なかでも江戸に生きた人々の「粋」と「暮らし」は、私の人形制作の上での課題です。私の持てる力のすべてを注ぎ、作品の前に立つと引き込まれるような、もう一度会ってみたいと思わせる作品をつくっていきたいのです。

江戸は永遠に生きています。これから先も江戸の町がよく似合う人形たちと、江戸の粋探しに出かけ、おしゃれで感動的な物語をもっともっとつくり続けていきたいと願っています。私と人形との響宴です。

次の作品を考える時、私はまた夢の世界です。これから先もできる限り夢を実現してみたいのです。

私の作品は私一代で終わるでしょう。それ故に、人形たちがいとおしく、愛さずにはいられません。人形は私の命、私のすべてなのですから。

明日からまた希望と喜びを胸に、江戸に生きた人々の「粋」と「暮らし」を夢にのせた終わりのない旅が始まります、私と人形たちの唯一の夢の旅。だからこそまた出かけるのです。

私と家族と人形と

ロマンティストでムード派の私は子どもの頃〝夢見る夢子〟と呼ばれていました。両親からは「いくつになっても子どもみたいで困ります」と言われながら、この歳になってもまだ夢は持ち続けているのです。

私の家族は少々風変わりな、現実離れした一家でした。両親は当時としては珍しい大変モダンな考えを持ち、日曜日になると五十銭タクシー（当時、横浜までは一律同じ料金でした）で横浜まで、食事へ買い物へと出かけていました。そして、毎日の生活を大切に楽しくをモットーに、私たち兄妹もおしゃれ感覚を忘れずに育ててくれました。私の一家は〝夢見る夢子〟と大差のない人々の集まりだったのです。兄は絵を描き、ピアノを演奏し、小説も書いていました。妹は音楽に熱中し、私は人形づくりの道へとそれぞれの夢に向かって過ごしていました。

現在も、私は人形をつくり続け、〝夢見る夢男〟の兄は早くにこの世を去りましたが、兄の孫兄弟二人が東京大学を卒業、孫娘も学習院大学を出て外交官に嫁ぎそれぞれ兄の夢の道を進んでいます。妹は娘がピアノと歌の教師になり、孫娘も東京芸術大学の声楽料を卒業し二期会会員で活躍中です。

兄　夢見る夢男は絵を描き、小説、短歌を書いていました

妹　ピアノ、ギター、琴など音楽に熱中しておりました

私のつくる"夢見る夢子"にふさわしい夢多き人形たちは、美しいものが大好きだった両親の感性を受け継いでいます。人形は美しくなければならない。美しいからこそ見る人の心を慰め、見る人に幸福を運んでくれるのだと信じ、昭和三十二年から「人形美術協会」の講師として生徒の指導にあたってきました。学院で同じ道を歩んだ主人も俳句文学の同人として夢多き俳句や季語をたくさん残しています。主人とは人形で結ばれ、人生の大半を人形とともに過ごせた私は幸福《しあわせ》のひと言です。

いつの析も人形に慰められ励まされてきました。子どもの頃は病気ばかりしていた私でしたが人形に助けられ、夢をもらい、命をもらい、今は人形と二人連れの毎日です。

母 私たち兄妹をおしゃれ感覚を忘れずにと育ててくれました

父 当時（昭和初期）としては珍しい大変モダンな考えを持っていました

小学校六年生の頃の一家の写真

夫 俳句文学の前田鬼子《きし》のもとで、小池甲子郎《きねしろう》として俳句や季語を残しています

主人との出会い
ＮＨＫの小さな旅に

昭和三十九年四月、人形美術協会で事務の仕事をしていた主人と結婚しました。新婚旅行ではとても想い出深い出会いがあり、その時のことを書いた手紙を、ＮＨＫが関東甲信越を中心に放送している「小さな旅」という紀行番組の「忘れられない私の旅シリーズ」に応募したところ、採用になり放送されたのです。平成六年十一月のことでした。

新婚旅行二日目、次の目的地の猪苗代方面へ向かう列車を待っている間、会津田島の小さな駅前の喫茶店に立ち寄ったときのことです。１８０㎝の長身の主人と、頭に帽子、胸には大きな造花をつけた私。ちょっと異様にも見える二人連れが入っていくと店主はキョトンとした表情をしていましたが、いち早く新婚旅行と見抜いたのでしょう。急にカーテンを引き、店内を薄暗くするとクラシックレコードをかけはじめたのです。しばらくすると店主が、ナプキンを腕に蝶ネクタイ姿でコーヒーを捧げるようにして、私たちの前に運んできました。都会からきた新婚カップルが場末の喫茶店に入ってきたので、精一杯のサービスとしてムードを出してロマンティックに演出することで、二人を歓迎してくれたのでしょう。おかげでゆっくりと温かいコーヒーを飲み、音楽に耳を傾けながら待ち時間を過ごすことができたのです。店のマッチには〝山の中の街のオアシスでありたい。日光街道腰掛茶屋ホームラン〟と店主らしい温かな人柄を感じさせる心が記され、店内には自筆の詩も掛けられていました。いかにもロマンティックな店主は負けずとロマンティストな私たち二人に、こんなにも素晴らしい思い出をプレゼントしてくれたのです。ホームランのご主人も夫もすでに他界しましたが、〝茶屋ホームラン〟から〝料理ホームラン〟と変わった今でも、その店の奥様とはずっとお付き合いが続いています。

主人は俳句文学の前田鬼子《きし》（故人）のもとで五十数年間、多くの俳句を残してきました。

いつか私の手で小池甲子郎《きねしろう》の句集を出版したいと、夢見ているのです。

解説

虫の音 17頁

髪型　丸髷（櫛・ことじ・玉かん・中ざし）

帯　前結び

月明かりがさした胸元のしどけなさ。風呂あがりのひととき身体全体から漂う色香に、夜露の下で鳴き続ける虫たちもため息をついているような初秋の夜です。

雨あがり 19頁

髪型　布天神（櫛・玉かん）

帯　昼夜帯の角だいこ結び

低く結んだ帯、からげた裾下からのぞく赤いけだし。渋い着物の振りからちらりとこぼれる目にしみるような一筋の紅絹が、きっぷのよい江戸下町の女性とふとすれちがった男性との、恋の訪れを予感しています。

秋うちわ 20頁

髪型　丸髷（櫛・ことじ・玉かん・中ざし・彫平打ち）

帯　角だいこ結び

「海老様似のあの男《ひと》は 追っても追っても遠い人 叶わぬ恋の行く末は 秘めた心の秋うちわ はぐれ女の秋うちわ ゆれる女の秋うちわ」秋はもううちわなどいりませんと、ひえた恋のゆく末を秋うちわに例えてみました。女の意地もちょっとのぞかせて。

十四番目の月 21頁

髪型　横兵庫（白櫛・白ことじ・白中ざし・白松葉・白玉かん）

帯　あんこう結び

横兵庫は江戸の太夫の髪型で上級の遊女が結っていました。夏の花魁なので髪飾りは白にしています。十五夜の月までには帰ると約束したのに……もうあれから三度目の月、せめて十四番目の月までにはと苛立つ女心が見えるようです。焦がれ待つ女の切なさを振り返った背中で表し、月光の中に立つ哀れさを〝小袖〟〝打掛〟〝帯〟の抑えた色調と髪飾りの白で表現してみました。

夕顔化粧 22頁

髪型　島田くずし（中ざし・びん出し）

帯　昼夜帯の角だいこ結び

風呂あがり、庭先に花開いた大きな白い夕顔の香りに誘われてふと立ち止まった姿。白い肌もまるで花のようにうっとり匂い立つような美しさです。ポッと花開く音までが聞こえそうな静かな宵です。

女髪結い 24頁

髪型　布天神（玉かん・びん出し）

帯　昼夜帯の角だいこ結び

美しく結いあがった客の髪にうっとりと見とれている若い髪結い。得意な気持ちが、満足そうなほほ笑みと手のしぐさに表れています。赤のたすきも目に鮮やかです。

待ちぼうけ 25頁

髪型　つぶし島田（櫛・玉かん・ことじ）

帯　ひっかけ結び

男と女のかくれんぼ。恋しい人を待ちわびる女心のいじらしさを、憂いを含んだ表情と指先、背中に表しています。女性の心の中のつぶやきまでも聞こえてきそうです。

梅雨かみなり 26頁

髪型　つぶし島田（櫛・ことじ・玉かん・かのこ）

帯　角だいこ結び

威勢よく響く春雷。横なぐりの雨と稲光は、着物の裾だけでなく心の中も濡らしていきます。びっしょりと濡れた着物の裾を絞る手のしぐさも美しい顔にかかる乱れ髪も、いましがた別れてきた人への想いにか、何だか悲しげに見えます。

嫉妬 28頁

髪型　つぶし島田（櫛・ことじ・松葉ことじ・中ざし・玉かん）

帯　柳結び

鳴くことなく求愛を秘めてひたすらもつれあう螢は、わずか二週間という儚く短い命でも与えられた時間を精一杯生きようとする。螢にさえ嫉妬するいじらしい女心の悲しさが伝わります。

夜叉の面 30頁

髪型　切り天神（玉かん）

帯　ひっかけ結び

恋に狂った女の執念が鬼火となって男の心を突き刺します。激しいまでに鋭い目元、口元、手紙を握る手元。しかし、なぜか女心がのぞいています。愛した男への恨み、恋しさ、切なさ。揺れる複雑な"女心《おんな》"は裏切られた数だけ恋しいのでしょうか。夜叉の女も所詮女性なのです。

置き手紙 32頁

髪型　割り島田（櫛・平打ち・玉かん）

帯　ひっかけ結び

「グッバイなんて粋じゃない　理由《わけ》さえ告げず去った人　男気取りの置き手紙"二人命"の入れ墨は　悲しい未練がうずきます」

蕾 34頁

髪型　結綿（前ざし・赤ことじ・ビラかん）

帯　お七帯のだらり結び

あどけない娘はケセラセラ横町のあの男の子《こ》の切なさも隣のあの男の子《こ》の恋心もみんなみんな恋遊び。だって私はまだまだ固い蕾。それでもよければ"この指とーまれ"。

焦がれ酒 35頁

髪型　輪天神（櫛・平打ち）

帯　ひっかけ結び

恋のために流す涙を涙水といいます。そして、その流した涙の量で女の魅力は決まるといわれています。ジンジンジンと女はどんなにかたくさんの涙を流したでしょうか。今はただ、偲んで泣いて焦がれて泣いて想いのままに泣いてください。

居酒屋 36頁

髪型　［女］唐輪髷のくずし（櫛・つげのびん出し）［男］粋な銀杏

帯　［女］しごき結び［男］貝の口

気まぐれ女性《おんな》は男の熱いまなざしに気づいているのに知らぬふり。ちょっと嘲笑っているようなゆがめた目元と切れ長の目が艶めかしい女と、粋でいなせなしゃれ男のからみが見えてくるような春のおぼろ夜です。男性の肩にかけた手拭いは、当時は三尺（約90㎝）に切った木綿のさらしを季節の柄や粋な絵柄に染め、手足や汗を拭くだけでなく、現在のマフラーのようにおしゃれに使っていました。

手踊り 38頁

髪型　つぶし島田（櫛・ことじ・玉かん）

帯　昼夜帯の角だいこ結び

「笛 太鼓　三味の音色にさそわれて　粋が乱れて踊ります」踏み鳴らす手拍子、足拍子、指先までも激しい恋の想いを踊ります。

宴のあと 39頁

髪型　横兵庫（櫛・中ざし・ことじ）

帯　あんこう結び

「宴のあとの深情け 面影忍ぶ切なさは　未練の想いがつのります　遠く聞こえる恋歌は　涙でもつれてとけません」女性はその折々にきらめき乱れ、悲しみなどさまざまな想いを見せてくれます。

うたたね 40頁

髪型　**横兵庫（彫り櫛・ことじ・彫り平打ち・中ざし）**

帯　**しごき帯**

綴りを読みながらふと寝入ってしまった花魁の花のように艶やかで美しい姿は春のうららに似合いの光景《けしき》です。少しほほ笑んだ顔はどんな夢を見ているのかしらと想像させます。

恋みれん 42頁

髪型　**横兵庫（櫛・中ざし・ことじ）**

帯　**あんこう結び**

「夢の恋路は遠すぎて　たどり着かない恋でした　細い絆の赤い糸　流れ流れて消えました」遊女の部屋着姿です。胴抜の前に結んだ帯は、あんこう帯といって魚のあんこうが大きく口をあけた形に似ているのでつけられた名称です。乱れた下げ髪で〝未練心〟〝淋しい心〟〝恨み心〟などを表しています。

浮名草 43頁

髪型　**芸妓島田（櫛・中ざし・ことじ・玉かん）**

帯　**柳結び**

「恋のいろ染め粋遊び　運命《さだめ》に揺れるしぐれ花　水に漂う浮き草は明日に流れる根なし草」風流芸者の心意気を肩の線、足元で表してみました。

初雪 44頁

髪型　**勝山（櫛・中ざし・銀平打ち・白丈長・菊結び）**

帯　**文庫結び**

危うい足元を気遣いながら歩いていく女性の、髪に肩に白い蝶のようなぼたん雪が舞い降ります。降る雪の音までが凍ってしまいそうな静けさに満ちた冬の一日です。

傘の女 45頁

髪型　**櫛巻き（櫛・ことじ）**

帯　**昼夜帯の角だいこ結び**

「土砂降り雨は怒り雨　ザァザァ雨は悲しい涙　しとしと雨は儚い女の涙雨　音もなく降る雨は　炎もけずる無情の雨　頬を濡らして降る雨は　胸に傘さす人恋しぐれ」悲しみを集めて雨を降らせる女心が伝わってきます。

恋路 46頁

髪型　**〔男〕銀杏〔女〕つぶし島田（櫛・玉かん）**

帯　**〔男〕貝の口結び〔女〕角だし結び**

「命二つと結ぶ糸　この世の次の次の世に　積もる命が一つになって　胸あかあかと燃えまする」あの世とやらを信じ夢見た二人の表情、美しい指先、後れ毛になまめかしささえ感じられます。江戸時代は自由な恋愛が罪悪視された時代でしたが、数多くの恋愛伝説を生み、浄瑠璃、歌舞伎などの素材となり、今日にも語り継がれています。開放的でなかった故、その愛が成就しなかったときは、心中の道を選び、自我愛の形を死で終わらせたのでしょうか。

たずね人 47頁

髪型　つぶし島田（櫛・ことじ）

帯　ひっかけ結び

「あの坂この坂いく坂遥か 越えた峠は流れ坂 届かぬ恋路は遠すぎて 噂ばかりが走ります」

ひとり酒 48頁

髪型　つぶし島田（櫛・ことじ・玉かん）

帯　角だし結び

「冬の螢は飛べません 心の糸に火をつけて 精一杯光っても 冷たい涙で消えました 恋しい想いも雪の中 夏を連れてあの男《ひと》がきっと迎えにくる夢を じっと待つ身のひとり酒」いつ帰るか分からない男を待つ哀れな女心を螢に例えてみました。やるせない女性はやっぱり冬の螢でしょうか。

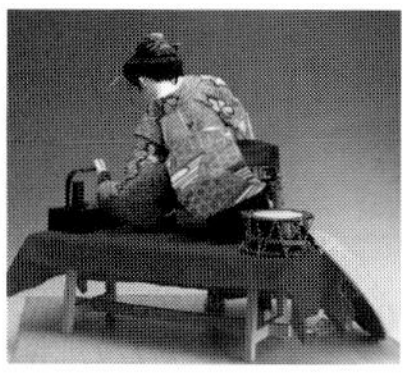

旅役者 50頁

髪型　輪天神（櫛・ことじ・彫平打ち）

帯　昼夜帯の角出し結び

夢先案内一座は、夢追い一座です。悲しい涙は袂でかくし、夢を売る旅をしています。たくさんの恋もありましたが、未練なんかありません。心の糸を結んでも所詮儚い運命《さだめ》の夢芝居なのですから。幸せ薄い後姿と肩に女心がにじんで無情のわびしさが伝わってきます。

桜吹雪 52頁

髪型　結綿（前ざし・くす玉・横かん・紋ビラ）

帯　振り下げ帯

「桜がぽっかり咲いちゃって 私の桜も咲いちゃって 春の弥生は花模様 桜吹雪は赤い雪 桜吹雪は夢の雪 可愛いあの娘《こ》のほほ撫でて そっと恋心《ロマン》を置いていく」いたずら風さんがかわいいあの娘《こ》の素足も白いうなじもそっとさわって知らぬ顔、ついでにあの娘《こ》ごとみんなみんな欲しいのさと囁いて通り過ぎていきました。風さんじゃなくても欲しいわねえ。

おきゃん娘 54頁

髪型　高島田（塗り櫛・塗りことじ・くす玉・横ざし・塗り平打ち）

帯　お七帯のだらり結び

ちょっと小生意気で意地っ張り。下町娘の粋な気性も捨てがたい魅力です。足元の表情におきゃんな粋を感じさせて。

＊おきゃん

おてんばではすっぱで、きっぷのよい女性を〝侠《きゃん》〟といいます。辰巳芸者、下町の女性など。

いたずら風 55頁

髪型　結綿（白塗り櫛・ことじ・平打ち・横かん）

帯　お七帯のだらり結び

初夏の風が若い娘をからかうように、袂や帯や裾までも舞い上げ走り抜けていきます。「髪もきれいに結いおしゃれしたのに」つぶやきながらちょっと口元をとがらせる娘と、いたずらな風との初々しい追いかけっこです。

のめば天国 56

髪型　**町人髷**
帯　**奴結び**

笑い上戸に泣き上戸。江戸の下町に生まれ育った好奇心旺盛なのんきなとうさん。酒は飲め飲めのまなきゃ損損と、酒と歌って酒に酔い、身も心も浮かれて一升瓶と踊る姿は野暮で泥臭いが、私たちが愛したのんきなとうさんなのです。

ちどり足 57頁

髪型　**銀杏**
帯　**貝の口**

「風が一吹き散る花びらが おっと危ない足元が はめを外しちゃいけないねえと ちょっと挨拶運んできます」春爛漫の花の下、風に吹かれて千鳥足。花の小枝と風任せ、衿に小袖に手拭いに、満開の花びらがふわりふわふわ舞い降りて、お店《たな》の若旦那と浮かれています。桜っていいですね。

手酌酒 58頁

髪型　**粋な銀杏**
帯　**前結び**

咲いた咲いた桜が咲いた。花を愛で、酒と遊ぶいなせなおあ兄さんは、赤い襦袢に向こう鉢巻き、浮かれ上手のご機嫌さんでよい気分です。四季の暮らしを楽しんでいた江戸の人々は桜見物は重要な年中行事で、花の下では春を楽しむ人々であふれ、大変な賑わいをみせていました。

男伊達 60頁

髪型　**粋な銀杏**
帯　**箱結び**

「傘の向こうで見栄を切る 江戸一番の伊達姿 くるり廻って江戸舞台」男の粋が赤い襦袢から着流しから今にも飛び出してきそうです。朧夜《おぼろよ》のやわらかい光が伊達姿にぴったりと溶け込んでいます。

女伊達 62頁

髪型　**切り天神（櫛・ことじ・彫平打ち）**
帯　**昼夜帯のひっかけ結び**

「粋ないろはの架け橋を 渡れば恋の傘が舞う 意地と度胸の女伊達 突っ張り女のしゃれ姿 啖呵の一つも聞きたいねえ」女伊達が結っている切り天神は輪天神の一方の輪を切ったもので、間男《まおとこ》髷《まげ》ともいわれ、伝法肌《でんぽうはだ》の女たちが好んで結ったもので、いなせに結いすっきりとまとめた妖艶な髪型です。

夜桜 63頁

髪型　**だるま返し（櫛・ことじ・玉かん・彫平打）**
帯　**腹合わせのひっかけ結び**

「桜のトンネル迷い道 花びらの数だけ続く迷い道 桜吹雪の笛の音は 恋しい心がつのります」春の朧夜は”桜“と”酒“と”ほろ酔い女性“が似合いの光景です。小袖も帯も半衿も闇に溶け込んで、いっそう妖艶さを引き立たせています。

夢太郎 64頁

髪型　若衆髷（町人風・玉かん）

帯　奴結び

夢……夢……夢……の夢太郎は風の吹きようで気も変わる調子者の風来坊です。姉御に急かされ今度こそ狙った魚は「いやぁーまた逃げちゃった！」岡っ引も怖いが姉御はもっと怖い。でも、八百八町はおいらのものさと粋がっています。

女すり 65頁

髪型　切り天神（櫛・ことじ・玉かん・彫平打ち）

帯　ひっかけ結び

抜き取ったばかりの縞の財布、流し目の射るような切れ長の目、ちょっと口元をゆがめていかにも嘲笑っているようです。岡っ引の目を盗んでしたたかに泳いでいる女すり。それでも憎めない、粋でおしゃれで肌っぽい美貌の姉御は艶めいて、目明かしなどなんのその、江戸の町へと消えていきました。

刺客 67頁

髪型　茶筅

帯　箱結び

不気味な静けさ、心には鬼が棲むといわれるほど、相手を切り裂くような鋭いまなざしは生きる術《すべ》を剣に託した男。決して後ずさりせず、荒野を彷徨い風を起こし大地を起こし一人生き抜く。見たい見せたい男の世界です。深編笠は武士や浪人が顔を隠すために用いました。

町奴 68頁

髪型　粋な銀杏

帯　箱結び

「伊達な奴は任侠にゃ強い　死ぬも生きるも浮世風　侠客一代　男度胸のあで姿」凛と咲く男の意地は町奴の誇りと秘めた姿から息遣いまでが伝わり、男の中の男にふさわしい迫力を感じます。着物は百年以上生き続けた縮緬で、色、柄が大変気に入っていましたので、衣装から侠客を連想し制作したものです。

町火消 70頁

髪型　粋銀杏

帯　前結び

江戸の火事は日常茶飯事《にちじょうさはんじ》であったため「幕府直属の定火消《じょうびけし》」「藩が設置する大名火消」町人たちのための町火消に分かれていました。また、大名お抱えの火消人足たち、世に言う旗本奴と町奴は互いにプライドがあり、火事場ではしばしば衝突し、縄張り争いが絶えなかったようです。町人火消は江戸市中を四十八に区切り、それぞれの区域にいろは四十八の文字をつけた組をつくり、大火に備え、いったん事あると、組同士が見栄と意地で互いに火花を散らし颯爽と命をかけて一番乗りを競ってまといを振る心意気は江戸の華とうたわれました。

三浦屋 72頁

髪型　［髭の意休］撫で付け白［助六］生締［傾城揚巻］横兵庫（櫛・ことじ・玉かん・松葉かん・中ざし・金縄の菊結び）

歌舞伎十八番の「助六由縁江戸桜」三浦屋前の場面。髭の意休と絢爛豪華な傾城揚巻、江戸の粋な伊達男助六。それぞれ三人三様のからみが見えてきます。

江戸の華 73頁

髪型　銀杏髷

江戸の女性にもてはやされた鳶火消しは大変威勢がよく、町人の中では一番格好のよいいなせな職業とされていました。火事と喧嘩は江戸の華などと粋がっている江戸っ子の心意気が伝わってきます。

髪結い 75頁

髪型　銀杏

帯　貝の口

髪は女の命ともいわれました。髪型も時代とともに変化し、江戸時代に入ると好みや流行をとり入れて、多くの型が生まれると女性たちはさまざまな髪型を楽しんでいました。江戸時代髪結いは男性の仕事と決まっておりましたが、後期になると女性の髪結いも出てきました。髪結い床は社交の場でもありました。人形を制作する折は、テーマ、時代、風俗、身分、職業、年齢によってその人形にふさわし髪型を結い上げていきます。いかに美しく魅力的な型かが重要な条件です。

凧売り 76頁

髪型　銀杏

帯　貝の口

火事の多かった江戸時代は強風が大火につながったので、風を断ち切って延焼を防いでほしいとの願いから、お守りとして買い求められるようになりました。渋紙張りのかごの中には、極彩色の〝武者絵凧〟〝奴凧〟〝字凧〟〝扇凧〟〝助六・辨慶〟などの歌舞伎役者絵の凧が多く、行商の人たちは、正月二日までは皆休んでいましたが凧売りだけは売り歩いていたようです。凧の種類も次々と変遷して、からくり凧、うなり凧など細工凧もつくられるようになりました。

ういろう売り 77頁

髪型　銀杏

帯　箱結び

小田原のういろうは「何にでも効果がある」と言われ当時は大変重宝がられていたようです。歌舞伎の二代目団十郎が演じてからは、さらに有名になりました。歌舞伎絵を元につくった作品です。百年を生き抜いたちりめんを手にした折の重圧感、特有の色、柄は、すっかり私を虜にしてしまいました。団十郎のういろう売りをつくりたいと直感して一気につくり上げました。

面売り 78頁

髪型　粋な銀杏

帯　貝の口

「サァサ選り取り見取り買いなされ。あの子もこの子も寄っといで」〝天狗〟や〝赤鬼〟〝狐〟〝猿〟など張り子で出来た面をいろいろな声色《こわいろ》で売り歩いていました。楽しそうに踊っている面売りの軽いステップ。見ているほうも負けずに踊りたくなります。おいらもあたちもね。

花売り 80頁

髪型　結綿（塗り櫛・横かん）

帯　文庫結び

花売り娘は人々に幸せいっぱい運びます。さめた恋には白い花も真っ赤に染める魔法の花を届けます。折れた恋には心の泉、赤い糸で結びます。苦しい恋なら「忘れな草」を優しく抱いてそっと思い出捨てましょう。失った恋なら根無し草が。幸せ探しの旅に出て希望と夢の花を咲かせてくれるでしょう。花は不思議な力を持っているのですね。

水売り 81頁

髪型　粋な銀杏

帯　三尺前結び

「江戸で話題のよい男 破れた恋なら水に流しなせぇな どうせあだ花あざみ花 涙が枯れたらおいらの水で 恋しい想いも忘れるからさぁ」町内には店を構えた水売りもいましたが、行商の男たちは五月ともなれば、裸足で威勢のよい掛け声で「ひやっこ、ひやっこ」と江戸市中を売り歩いていました。水売りは夏の風物詩でもあり、大変二枚目が多かったようです。

独楽売り 84頁

髪型　銀杏

帯　貝の口

独楽は中国から伝来したもので〝唐独楽〟竹でつくられた〝竹独楽〟木地でつくられた〝独楽〟巻貝でつくった〝貝《ばい》独楽〟穴あき銭を数枚重ねて心棒を通した〝銭独楽〟花鳥風月を描いた〝お花独楽〟など各地の郷土玩具として生まれたようです。

かんざし売り 85頁

髪型　〔男〕若衆髷〔女の子〕盆のくぼ

帯　〔男〕奴結び〔女の子〕お七帯

お稽古帰りのおませな女の子はかんざし欲しいなんて。きっとかわいい町娘になるのでしょうね。子ども相手のかんざし売りは荷箱は担いでいなかったようです。背負った荷箱には〝金具〟〝紙〟〝ちりめん〟などでつくった髪飾りや弁慶（わらを束ねたもの）にいろいろのかんざしを刺して売り歩いていました。

魚売り 86頁

髪型　〔魚売り〕粋な銀杏〔常磐津の師匠（妾）〕つぶし島田（櫛・玉かん・ことじ・彫平打ち）〔母〕輪天神（櫛・玉かん・ことじ）〔子ども〕坊主頭（前髪のこす）

帯　〔魚売り〕三尺前結び〔常磐津の師匠・母〕昼夜帯の角だいこ

「常磐津の 師匠にほの字の片思い 揺れる心の恋みれん おっと無粋な勇み肌 叶わぬ恋など捨てちゃいな 捌《さば》く手元があぶないからさー」高嶺の艶花はお妾さん。どんなに色目を使ってもどうせ届かぬ恋ですよ。それよりも早く早く捌かないと、生きが自慢の魚売り、三人三様それぞれの想いが伝わってきます。あらあら、坊やを忘れてました。坊やもね！

初鰹 88頁

髪型　切り天神（横ぐし・彫平打）

帯　昼夜帯の角だいこ

若葉の染まる季節ともなれば、夏の到来を告げる初鰹売りが威勢よく走っていました。江戸っ子は初物に血道をあげ、〝女房を質に入れても初鰹〟といわれるほど、大変高価だったようです。初物好きの江戸っ子の心意気が初鰹ひとつにも伝わってきます。当時は鰹の生き腐といって大変いたみが早かったとかで、鰹の色合いに苦労しました。生きのよい鰹になりましたでしょうか。

扇地紙売り 90頁

髪型　若衆髷（元禄風）

帯　文庫結び

地紙を入れるために扇の形につくられた箱と扇の骨を入れる箱を交互に重ね肩に担ぎ「地紙、地紙」と売り歩いていました。女の客が多く、家の軒先や屋敷の台所へ呼び込んで好みの扇をつくらせては、売り手、買い手ともお互いに楽しんでいたようです。

呉服屋店先 91頁

髪型 〔母〕先笄髷（櫛・ことじ・玉かん・中ざし・いち止め・根がけさんご玉）〔娘〕結綿（前ざし・横かん・くす玉・ビラかん・赤平打ち）〔手代〕銀杏（町人風）

帯 〔母〕昼夜帯の角だいこ結び〔娘〕お七帯のだらり結び〔手代〕貝の口

昔も現在も女性にとって着物選びは真剣勝負です。楽しげに娘を見守る母の優しいまなざしはうれしそうに。でもちょっと恥じらう娘。手代までがうきうきそわそわ気分です。お似合いの着物見つかりますように！

飴売り 92頁

髪型 〔飴売り〕島田くずし（櫛・中ざし・ことじ）〔女の子〕桃割（横かん）〔男の子〕盆のくぼ

帯 〔飴売り〕ひっかけ結び〔姉弟〕三尺結び

お姉ちゃん飴欲しいよーとせがむ弟。でも、お姉ちゃんはもっと飴欲しいのよと諭す。二人の真剣なまなざしのいじらしいこと。のどかな昼下がり、飴売りの困った顔が印象的です。鉦の音も聞こえてきます。江戸時代は人さらい、迷子が多かったので、住所、名前、年齢を書いた木の札を入れた巾着を腰につけさせていました。お守り入れでもありました。

しじみ売り 93頁

髪型 若衆髷（男の子用）

帯 前ちょっきり結び

朝早くからあどけない顔でしじみを売り歩くかわいい声。「しじみ、しじみ、しじみはいりませんか」と声まで聞こえてきそうです。たくさん売れるといいですね。

桜の花道通りゃんせ 95頁

髪型 結綿（前ざし・横かんざし・くす玉・ことじ）

帯 お七帯のだらり結び

満開の桜の下で頬を染めながら桜吹雪とかくれんぼしているのでしょうか、おしゃまなしぐさのかわいい姿。のどかな春のひとときです。

恋の華 96頁

髪型 結綿（前ざし・横かん・ことじ・平打ち）

帯 振り下げ帯

「両国橋は夢の橋 心をとかす恋の橋 七色花火が空いっぱいに広がって ドドンと闇へと消えてゆく 私の心に火をつけて 知らぬふりして消えてゆく 燃える想いを咲かせておいて 手招きしながら消えてゆく」

仕掛け花火 97頁

髪型 〔姉〕桃割（くす玉）〔弟〕芥子坊

帯 〔姉〕三尺

まだあどけないお姉ちゃんの後ろで、弱虫坊やがかくれんぼ。真っ黒な闇の中から浮かび上がる見事な大輪の花。音はこわいけれどやっぱり……見たいなー。姉弟のお顔に真っ赤な花火が映っています。

花火見物 98頁

髪型 〔母〕布天神（櫛・玉かん・彫平打ち）〔子ども〕盆のくぼ

帯 角だいこ結び

花火は日本の夏には欠かせない風物詩です。玩具花火から大型の打ち上げ花火も登場し、人々は江戸情緒を楽しんでいました。両国橋は花火見物の客で賑わい、涼を求めて集まる人たちのために物売りの屋台が並び、毎日が縁日のようでした。屋形船から見る花火は大変ぜいたくといわれ江戸っ子の粋な遊びとしてもてはやされました。

ここまでおいで 100頁

髪型 〔母〕くし巻き（横ぐし）〔坊や〕坊主頭（前髪のこす）

帯 角だいこ

はいはい上手になったでしょうと、母親をじっと見つめる赤子の得意気な顔。朝の片付けもそこそこに、幼子に手拍子をとる若い母親もほのぼのと上気して幸せがあふれています。

あばれちゃダメダメ 102頁

髪型 〔姉〕結綿（白塗り櫛・白塗りことじ・白塗り平打ち・横かん）〔弟〕盆のくぼ

帯 だらり結び

祭りの太鼓に誘われて背中の坊やは大はしゃぎです。黄昏の淡い陽ざしの中、小さな弟を見守る優しい姉のまなざしをそっと爽やかな風が包んでいきます。

日和 103頁

髪型 先笄髪《さっこうまげ》（櫛・ことじ・玉かん・中ざし・いち止め・かのこ・根かけさんご玉）

帯 昼夜帯の角だいこ結び

のどかな春のひととき、ひざで安心しきって眠る子供の腹掛けを縫う母親。幸せに満ち足りたその目元、口元からほのかな色香が見え隠れしています。

小ちゃな小ちゃな恋の花 104頁

髪型 〔男の子〕盆のくぼ〔女の子〕芥子坊

帯 三尺結び

かわいい顔して女の子は、子どもの頃から計算高いのね。泣き真似で脅かし、すねて困らせ優しいあの男の子《こ》を虜にしようなんて、狡いずるい。小ちゃな胸を痛めてご機嫌取りに真剣な男の子はいじらしい！なんとなく現代の若者を見ているようで……おっと失言、失言。

花よりだんご 105頁

髪型 〔姉〕桃割（赤櫛・赤平打ち・くす玉・横ざし）〔弟〕若衆髷（少年の髷）

帯 三尺結び

「通りゃんせ通りゃんせ 桜の花道通りゃんせ 花の吹雪のトンネルを あの子もこの子も通りゃんせ」花の下で戯れる姉と弟。花よりお団子の欲しいいたずらっ子の弟は、姉のお団子ちょっと失敬。だめだめ欲張っちゃいけないねえ。

仲好し三人組 106頁

髪型 〔男の子〕若衆髷（町人風）（武家風）〔女の子〕盆のくぼ
帯 三尺結び

「おちゃめで」「陽気で」「おっとり」と、楽しげに遊ぶ三人三様の手足の動きをユーモラスに表現してみました。天真爛漫な仲好し三人組は何とも微笑ましく、今にも三人一緒に飛び出してきそうです。制作している私のほうが、人形たちよりはしゃいでしまいました。

凶刃 107頁

髪型 若衆髷（少年の髷）
帯 三尺結び

「強い子弱い子仲良しこよし どの子もこの子も遊ぼうよ 泣くな負けるな男の子ならチャンバラごっこは楽しいね」"面""小手""胴払い" おっと危ない峰打ちごっこ。「参った参った、逃げるが勝ちさ」夕陽が優しく二人の頬をそっと撫ぜていきました。

かえり道 108頁

髪型 〔兄〕銀杏〔弟〕盆のくぼ
帯 〔兄〕文庫〔弟〕つけ帯

鳶職のチャンのお下がりの着物がよく似合っています。ちょっと粋がっている兄ちゃんのおませな姿、踏ん張っている足元格好いいですね。遊び疲れて背中で安心しきってぐっすり寝ている弟の"顔""手""足"の表情のなんともかわいいこと。

お使い 109頁

髪型 丁稚髷
帯 奴結び

「おっと大変急ぎ足 お店《たな》に帰れば忙しい こわい番頭の目が光る ちょっと道草楽しいね」酒屋のかわいい小増さん。やっぱり寄り道いけないね。

にわか雨 110頁

髪型 〔男の子〕若衆髷（男の子用）〔女の子〕おたばこぼん
帯 三尺結び

手拭いを頭に韋駄天走りのお兄ちゃんと私のかっこが濡れちゃうと、半べそかいてる妹と、土砂降り雨が鬼ごっこしているようです。かわいい兄妹《ふたり》にきっと雨も風も嫉妬して意地悪しているのでしょうか。赤い鼻緒のかっこ濡れませんように！

小池緋扇（人形作家）

財団法人 人形美術協会 常任理事・本部主任教授・人形美術展審査員
文化庁国民文化祭出品の人形指導・企画
人形師範育成・文化交流に活躍中

経歴

昭和2年10月20日　横浜市鶴見区に生まれる

昭和19年4月　横浜山手女子学園卒業後、文化庁管轄の日本で唯一の人形学校
現 人形美術協会にて人形師範育成。文化交流に活躍

平成12年8月　ケーブルテレビ「現代作家シリーズ・小池トミ子の世界」
・30分番組放映

平成14年4月　NHK首都圏ネットワーク「夢をかなえるため」
・番組第1号として、小池緋扇人形紹介、自宅制作風景放映
作品集『江戸の粋を人形にたくして』出版
銀座十字屋ホールにて、「江戸の粋を人形にたくして」個展開催
・5日間で、5000名の入場者

平成15年12月　松井誠写真集「夢幻」出版製作協力
・『江戸の粋を人形にたくして』の写真集のポーズより抜粋

平成16年1月　NHK 首都圏ネットワーク「熱中手作り人形教室より」
・人形指導風景を放映

2月　江戸東京博物館後援にて、江戸開府400年記念として人形展開催
・5日間で、4000名の入場者

平成17年4月　恵比寿ガーデンプレイス内・恵比寿ガーデンホール
・「芸術空間展2005」展示会出品

7月　横浜ランドマークプラザ内・ランドマークホール
・「ミネルヴァ展〜21世紀を翔ける女流芸術展」展示会出品

平成18年1月　京都ホテルオークラ
・作品出品、女優 淡島千景氏と対談

2月　NHKラジオ放送、ラジオ深夜便にて
・「人形の粋について」4夜連続トーク番組を放送

9月　京都大原三千院
・「日本の心と伝統の精華」展示会出品

10月　日本橋高島屋7階呉服ギャラリー和むすびにて
・「和人形の世界」の人形展開催
〈推薦人〉浅利慶太氏・松井誠氏・人形美術協会

平成20年9月　作品集『江戸のくらしを人形にたくして』出版

小池緋扇作品集

緋扇 人形と生きる江戸の粋

発行日　　2013年7月7日　初版第1刷

著者　　小池緋扇
アトリエ　〒230-0076　神奈川県横浜市鶴見区馬場3-18-37
TEL 045-572-1067
アトリエスタッフ　橘 フサ代

発行者　　豊髙隆三
発行所　　株式会社アイノア
〒104-0031　東京都中央区京橋3-6-6
TEL 03-3561-8751　FAX 03-3564-3578

撮影　　秋元 茂
装幀・デザイン　　杉本幸夫
編集　　宇賀育男（株式会社アイノア）
印刷・製本　　凸版印刷株式会社
（プリンティングディレクター 小山秀利）
（クリエイティブディレクター 田中圭一）
（進行管理 長瀬 敬）
協力　　劇団四季

© Hisen KOIKE 2013　Printed in Japan
ISBN 978-4-88169-695-8 C0072

落丁・乱丁はお取り替えいたします。
本書の無断複写・複製・転載を禁じます。

＊定価はカバーに表示してあります。